NICHTS, wie du es dir gewünscht hast
Das originelle Geschenk für alle, die sich mal wieder NICHTS wünschen - witzig, kreativ & passend zu jedem Anlass

AF165901

Impressum
Deutschsprachige Erstausgabe August 2023
Copyright © 2023 **Malou Sonner**
Alle Rechte vorbehalten.
Nachdruck, auch auszugsweise, nicht gestattet.
Das Werk, einschließlich seiner Teile, ist urheberrechtlich geschützt. Jede Verwertung ist ohne Zustimmung des Verlages und des Autors unzulässig. Dies gilt insbesondere für die elektronische oder sonstige Vervielfältigung, Übersetzung, Verbreitung und öffentliche Zugänglichmachung.

Buchfabrik-Verlag
Osterseenstr. 34
82393 Iffeldorf

Kontakt: info@buchfabrik-verlag.de
Verantwortlich für den Inhalt: Simon Zieger

Covergestaltung und Satz: Simon Zieger
1. Auflage
ISBN: 9789403749150

NICHTS
WIE DU ES DIR GEWÜNSCHT HAST

DU MÖCHTEST DER BUCHFABRIK AUF SOCIAL-MEDIA FOLGEN?
OK, ABER NUR AUF EIGENE VERANTWORTUNG!

 TIKTOK
@BUCHFABRIK

 INSTAGRAM
@BUCH.FABRIK

ABGESEHEN VON WITZIGEN VIDEOS
ÜBER NICHTS, GARNIX, AUTOFAHREN & TOILETTEN
GIBT'S DORT ABER EIGENTLICH NICHTS ZU SEHEN...

NICHTS VERSCHENKT AM:

_____

FÜR: VON:

_____   _____

——— PERSÖNLICHE WIDMUNG: ———

——— NICHTS ZU DANKEN, GERN GESCHEHEN! ———

INHALTSVERZEICHNIS:

VORWORT:

NICHTS. GAR NICHTS. NULL. NULLKOMMANIX. UNGEFÄHR NULL. NIX. EINEN HAUCH VON NIX. REIN GAR NICHTS. NÜSCHT. NADA. 0. KEIN BISSCHEN. JANÜSCHTN. NIENTE. NOCH NICHTS. IMMER NOCH NICHTS. NIXN. NIETS. NISCHTS. EINEN BRUCHTEIL VON NICHTS. GOA NIX. ZERO. KEIN FÜNKCHEN. KENEN DOT. MINDESTENS NICHTS. KÄÄN BETZE. NICHT DAS GERINGSTE. GOR NÜMS. SO ZIEMLICH GENAU NICHTS. EIN BISSCHEN WENIGER ALS FAST NIX. RIEN. NO NIX. OIWEI NO NIX. NICHT EINEN HAUCH. KÄ SCHDICK. NÜÜT. GROB GESCHÄTZT: NIX. NOCKE. ÖVERHAUPT NIX. NICHT DAS MINDESTE. KEIN TROPFEN. NET EN FURZ. NULLE. NEN DÜDEL UN NIKS. KEINEN FETZEN. NÃX. OHNE IRGENDWAS. AUSM BAUCH RAUS: NIX. KEIN STÜCK. 0000000000. KEEN BATZ. GEEN STUCK. NOTHING. EENFACH NIX. NIXLE. KOAN FLÜGELSCHLAG. DAS GEGENTEIL VON "ALLES". NISCHT. NET AMAL A SACKERL. ANSATZWEISE NICHTS. INGENTING. WENIGER ALS JRAAD NOCH NULL. HÖCHSTENS NICHTS. GORNIX. MIT ANDEREN WORTEN: NICHTS. KEEN DRIP. NON UN PEZZO. NET EN PIEP. GAR NISCHT. NIX G'SCHWIND. ÜBERHAUPT NICHTS. KEEN STÜCK. NÃO É NADA. ECHT NIX. NADA EN ABSOLUTO. KEEN KLÜMP. GERADE NICHTS. -----. SOWAS VON NIX. OHNE ALLES.

NICHTS.

GAR NICHTS.

SONST STEHT HIER NICHTS.

DIESES BUCH IST NÄMLICH VOLL MIT NICHTS.

MIR FÄLLT EINFACH NICHTS EIN.

NICHTS, WAS MIR IRGENDWIE BEKANNT WÄRE.

ÜBERHAUPT NICHTS.

SOWAS VON NICHTS.

BISLANG IST NICHTS PASSIERT.

EINFACH NICHTS.

LINKS NICHTS.

RECHTS NICHTS.

OBEN NICHTS.

UNTEN NICHTS.

DÜNNES NICHTS.

DICKES NICHTS.

GROSSES NICHTS.

KLEINES
NICHTS.

ACH... DENK DIR NICHTS.

DAS KANN DIR DOCH NICHTS ANHABEN.

UNTERM STRICH NICHTS.

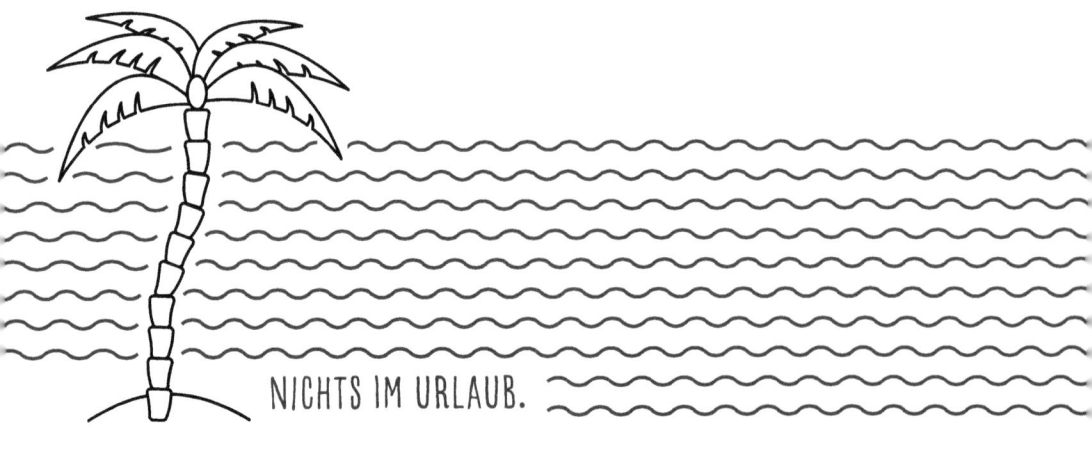

ES IST NICHTS ERNSTES.

NICHTS IM DUNKELN.

NICHTS ZU SEHEN.

NICHTS

ALLEN

IN ECKEN.

NICHTS ZUM GEBURTSTAG.
HAPPY BIRTHDAY

ZUM AUSMALEN.

DAS HAT
NICHTS
MIT SEHSCHWÄCHE ZU TUN.

NICHTS EINGERAHMT.

DA STECKT NICHTS DAHINTER.

NICHTS
IN DER
MITTE.

NICHTS AM RAND.

DAS IST NOCH GAR NICHTS
IM VERGLEICH ZU DEM,
WAS NOCH KOMMEN WIRD.

NIECHTZ FALSCH GESCHRIEBEN.

STHCIN RÜCKWÄRTS.

NICHTS
KOPFÜBER.

NICHTS KAUM LESBAR.

NICHTS GEKRITZELT.

NICHTS UNTER WASSER.

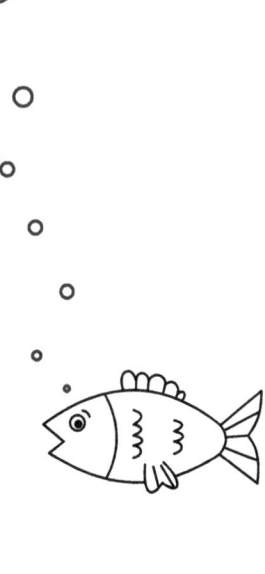

NICHTS HIER.

NICHTS DORT.

NICHTS ZUR HÄLFTE

NICHTS ZUR ANDEREN HÄLFTE.

ÜBERALL

N

I

C

H

T

S

.

| Gegenteil von ALLES ▶ | | | | | | ALS KREUZWORTRÄTSEL.

WENN NICHTS GEHT...

NICHTS VERBLASST.

NICHTS,　　　　　　　　NICHTS,

UND NOCHMAL　　　　　　　NICHTS.

MAN BEKOMMT IM LEBEN
NICHTS
GESCHENKT.

NICHTS DIGITALISIERT.

NICHTS WIRFT SCHATTEN.

NICHTS 🐕 MIT HUND.

$$\frac{\text{NICHTS}}{\text{NICHTS}} - \text{NICHTS} \times \text{NICHTS} + \text{NICHTS} = \text{NICHTS}$$

NICHTS ZU RECHNEN.

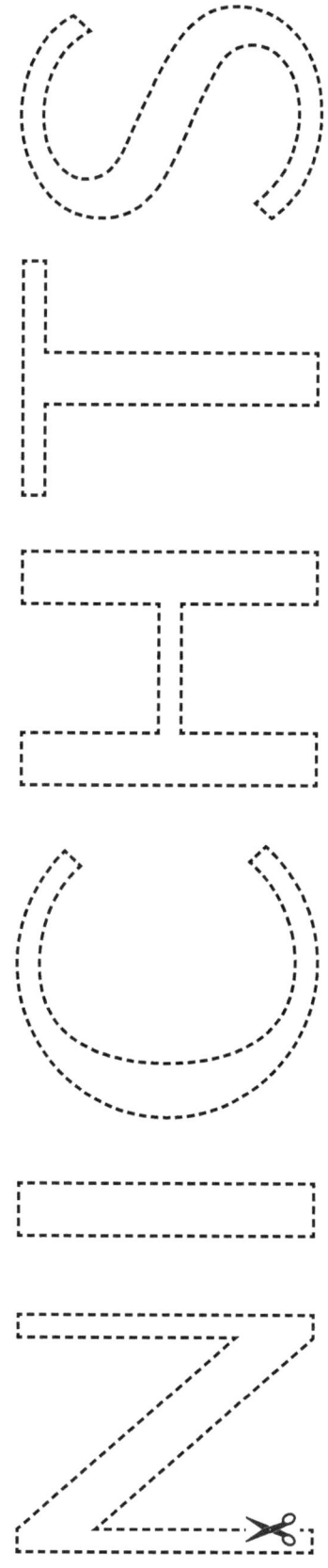

ZUM AUSSCHNEIDEN.

DA DIE RÜCKSEITE AUSGESCHNITTEN
WIRD, STEHT HIER NICHTS.

SICHERHEITHALBER WIRD HIER AUCH NICHTS HINGESCHRIEBEN.

PSSST!

MMH... NICHTS ZU HÖREN.

DU HAST HIER NICHTS ZU SUCHEN.

```
N O T H I N G   L E A
I A A A I G   N A A A
E E N F A C H N I X
N U L L E R I U A A A
T A A A X N A A A A
E A A A N I C H T S
N I S C H X A A A N
K E E N B Ä T Z E Ü
J A N Ö S C H T A Ü
N I X L E U N N A X
```

GROSSE KLAPPE, NICHTS DAHINTER.

"NICHTS" ZU SAGEN IST NICHT IMMER BESSER, ALS NICHTS ZU SAGEN.

OB DAS SINN MACHT, TUT NICHTS ZUR SACHE.

NICHTS NICHTS NICHTS NICHTS NICHTS NICHTS NICHTS NICHTS NICHTS
NICHTS NICHTS NICHTS NICHTS NICHTS NICHTS NICHTS NICHTS NICHTS
NICHTS NICHTS NICHTS NICHTS NICHTS NICHTS NICHTS NICHTS NICHTS
NICHTS NICHTS NICHTS NICHTS NICHTS NICHTS NICHTS NICHTS NICHTS
NICHTS NICHTS NICHTS NICHTS NICHTS NICHTS NICHTS NICHTS NICHTS
NICHTS NICHTS NICHTS NICHTS NICHTS NICHTS NICHTS NICHTS NICHTS
NICHTS NICHTS NICHTS NICHTS NICHTS NICHTS NICHTS NICHTS NICHTS
NICHTS NICHTS NICHTS NICHTS NICHTS NICHTS NICHTS NICHTS NICHTS
NICHTS NICHTS NICHTS NICHTS NICHTS NICHTS NICHTS NICHTS NICHTS
NICHTS NICHTS NICHTS NICHTS NICHTS NICHTS NICHTS NICHTS NICHTS
NICHTS NICHTS NICHTS NICHTS NICHTS NICHTS NICHTS NICHTS NICHTS
NICHTS NICHTS NICHTS NICHTS NICHTS NICHTS NICHTS NICHTS NICHTS
NICHTS NICHTS NICHTS NICHTS NICHTS NICHTS NICHTS NICHTS NICHTS
NICHTS NICHTS NICHTS NICHTS NICHTS NICHTS NICHTS NICHTS NICHTS
NICHTS NICHTS NICHTS NICHTS NICHTS NICHTS NICHTS NICHTS NICHTS
NICHTS NICHTS NICHTS NICHTS NICHTS NICHTS NICHTS NICHTS NICHTS
NICHTS NICHTS NICHTS NICHTS NICHTS NICHTS NICHTS NICHTS NICHTS
NICHTS NICHTS NICHTS NICHTS NICHTS NICHTS NICHTS NICHTS NICHTS
NICHTS NICHTS NICHTS NICHTS NICHTS NICHTS NICHTS NICHTS NICHTS
NICHTS NICHTS NICHTS NICHTS NICHTS NICHTS NICHTS NICHTS NICHTS
NICHTS NICHTS NICHTS NICHTS NICHTS NICHTS NICHTS NICHTS NICHTS
NICHTS NICHTS NICHTS NICHTS NICHTS NICHTS NICHTS NICHTS NICHTS
NICHTS NICHTS NICHTS NICHTS NICHTS NICHTS NICHTS NICHTS NICHTS
NICHTS NICHTS NICHTS NICHTS NICHTS NICHTS NICHTS NICHTS NICHTS
NICHTS NICHTS NICHTS NICHTS NICHTS NICHTS NICHTS NICHTS NICHTS
NICHTS NICHTS NICHTS NICHTS NICHTS NICHTS NICHTS NICHTS NICHTS
NICHTS NICHTS NICHTS NICHTS NICHTS NICHTS NICHTS NICHTS NICHTS
NICHTS NICHTS NICHTS NICHTS NICHTS NICHTS NICHTS NICHTS NICHTS
NICHTS NICHTS NICHTS NICHTS NICHTS NICHTS NICHTS NICHTS NICHTS

ZUSAMMENGEFASST: NICHTS.

(VIEL NICHTS AUF EINEM HAUFEN.)

NICHTS.

(EINZELN.)

HIER KANN MAN NICHTS MACHEN.

HIER AUCH NICHT. NICHTS.

LANGES NICHTS.

KURZES NICHTS.

ES IST JA NICHTS DABEI!

NICHTS FÜR UNGUT, ...
ABER HIER STEHT LEIDER AUCH NICHTS.

NICHTS.
MIT VERZIERUNG.

NICHTS.
OHNE ALLES.

(FAMILIE "NICHTS", BALD ZU FÜNFT.)

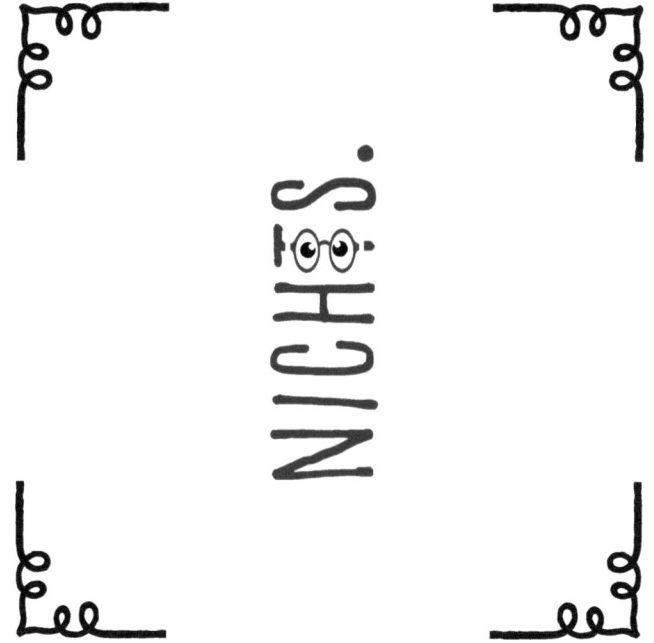

(NICHTS, SINGLE, SCHON LANGE AUF DER SUCHE NACH EINER PARTNERIN, ABER NICHTS ZU MACHEN.)

NICHTS ZU ERZÄHLEN.

ÄHM... JA...

BITTE WEITERBLÄTTERN,
HIER GIBT'S NICHTS ZU SEHEN.

NICHTS
IST SO SCHÖN WIE DAS LEBEN.

NIC

SEITENÜBERGREIFEND...

HTS

NICHTS!

MACH DIR NICHTS DRAUS!
↓
NICHTS → NICHTS.

NICHTS ZU VERSCHENKEN.

VERSCHENKE AUCH DU NICHTS,
WENN SICH JEMAND NICHTS WÜNSCHT!

UND? WAS WÜNSCHST DU DIR BEIM NÄCHSTEN MAL?
WIEDER NICHTS?

ES SPRICHT NICHTS DAGEGEN.
...ABER AUCH NICHTS DAFÜR!

WEITERE VERÖFFENTLICHUNGEN:
Einfach den QR-Code scannen & direkt bestellen!

GARNIX, wie du es dir gewünscht hast

Spare dir die nervige Geschenksuche, wenn sich mal wieder jemand gar nichts wünscht. Verschenke doch einfach GARNIX! Ähnlich wie NICHTS besticht dieses Buch humorvoll durch seine Einzigartigkeit & Einfachheit und sorgt garantiert für Lacher auf Seiten des/der Beschenkten. So mancher GARNIX-Wünscher kommt hier aus dem Staunen nicht mehr raus! Mit diesem Geschenk kannst du GARNIX verkehrt machen!

Das ultimative Beifahrer Gästebuch

Das witzige Gästebuch fürs Auto - zum Ausfüllen, Ankreuzen & Kaputtlachen.
Köstliche Unterhaltung für Beifahrer und geniale Erinnerungs-Sammlung für Fahrer zugleich. Mit kurzen, witzigen Fragen, einem humorvollen Bewertungssystem & Platz zum Zeichnen eines Fahrer-Porträts. Die ideale Geschenkidee für Autofahrer zum Geburtstag, zu Weihnachten oder zum bestandenen Führerschein.

Das Klo Gästebuch

Der ultimative Spaß fürs stille Örtchen - zum Ausfüllen, Ankreuzen & Spaß haben. "LESEN, was andere schreiben und SCHREIBEN, was andere lesen!" Getreu nach diesem Motto können sich WC-Gäste mit einem Eintrag im Klo Gästebuch verewigen, aber selbstverständlich auch über die Einträge der anderen Klobesucher kaputtlachen. Das ideale Geschenk für alle, die Toiletten-Humor schätzen und gerne herzhaft lachen, während sie auf dem stillen Örtchen verweilen.

Dieses Buch wurde in Übereinstimmung mit den GPSR-Richtlinien der EU zur Sicherheit von Produkten erstellt.

Die Verordnung über die allgemeine Produktsicherheit ist der aktualisierte Rahmen der Europäischen Union, um sicherzustellen, dass alle Verbraucherprodukte, einschließlich Bücher, für Verbraucher sicher sind.

Dieses Buch wurde von Libri Plureos GmbH gedruckt. Der Drucker hat Sicherheitszertifikate für die verwendeten Materialien wie Tinte, Papier und Kleber ausgestellt.

Die Produktkennung ist: 9789403749150

Der Autor ist für den Inhalt des Buches verantwortlich und hat das Buch von Bookmundo produzieren lassen.

Sollten Sie Fragen zur Sicherheit des Produkts haben, kontaktieren Sie uns bitte.

Bookmundo
Delftsestraat 33
3013AE Rotterdam
Die Niederlande
info@bookmundo.com